QUELQUES MOTS

SUR LES COLONIES.

QUELQUES MOTS

SUR

LES COLONIES,

PAR A. DEL CAMBRE.

La France, toujours la France!!!

PARIS,

IMPRIMERIE DE AUG. MIE, RUE JOQUELET, n° 9.

PLACE DE LA BOURSE.

1833.

QUELQUES MOTS

SUR

LES COLONIES.

La France, toujours la France!!!

———————

Les colonies ne sont pas seulement des parties intéressantes de populations appartenant à la mère-patrie, qu'il importe de soutenir et de défendre, pour l'honneur du pavillon auquel elles sont soumises, mais bien un débouché pour le trop plein de la population, qui, poussée par la misère, devient dangereuse pour les gouvernans, et à charge aux gouvernés.

Pour atteindre ce but, les colonies ne peuvent être que des établissemens de culture, qui, en échange des produits industriels de la métropole , fournissent des productions agricoles. Tel est le seul et le véritable objet des colonies.

Je ne m'étendrai pas sur les causes qui ont réduit nos possessions à l'Ile-Bourbon, à la Guyane, au Sénégal, à la Martinique et à la Guadeloupe. Mon intention, est, autant que possible, de faire *comprendre* les colonies telles que j'ai cru les voir, et d'attirer l'attention de ceux qui sont appelés à diriger les destinées de la France sur un de ses établissemens de la plus haute importance, qui faute d'avoir été apprécié, au lieu de résultats avantageux, n'a présenté que des pertes d'hommes et d'argent; je veux parler du Sénégal.

Les mœurs, les besoins et les lois des colonies changent selon le climat où elles sont placées ; un code général de législation coloniale paraîtrait une monstruosité à tout homme qui les aurait étudiées. Telle mesure, qui à la Martinique serait une concession utile, au Bengale deviendrait une absurdité, et au Sénégal pourrait causer les plus grands désastres. En effet, nés sous différens climats, de races tout-à-fait distinctes, possédant les qualités et les vices adhérens aux localités où ils ont pris naissance ; les lois qui régissent ces hommes ne doivent être qu'en rapport avec leurs besoins, et leurs besoins en rapport avec le degré de civilisation où ils sont parvenus.

Je dirai donc, que le Sénégal peut être comparé à un enfant donnant de brillantes espérances, et réclamant, par son état d'ignorance, des sacrifices et des soins éclairés ; les colonies de Bourbon, de la Guadeloupe et de la Martinique, à un adolescent qui, sentant toute sa force, veut sortir de l'état de dépendance de sa première jeunesse, ne demande qu'à s'attacher à la mère-patrie ; mais qui, s'il n'était pas compris, saurait briser les liens qu'on

n'aurait pas su lui ôter! Quant à nos possessions du Bengale, les mesures qu'on adopte-
rait ne pourraient, en aucune manière, aug-
menter ni diminuer leur importance.

Cette vérité méconnue, les ordonnances et
les rouages de l'administration de la marine,
assis sur des bases et des principes excellens,
sont devenus pour certaines localités insuffi-
sans, dispendieux, et dans d'autres (au
Sénégal, par exemple) entravant, et en plu-
sieurs circonstances ont occasionné des désastres par les retards qu'ils ont apportés.

Parmi les fonctions administratives qui ont
une influence directe sur la prospérité des colonies, et que jusqu'à présent on n'a pas ap-
profondies, sont les emplois de gouverneur.

Un gouverneur de colonie, pour bien rem-
plir sa mission, devrait avoir des connaissances
en diplomatie, en administration, en économie
commerciale, en stratégie militaire et en ma-

rine ; sa position présente et future devrait être telle, que n'ayant jamais appartenu aux professions précitées, son avenir ne pouvant se rattacher à aucune d'elles, il fût indépendant de leur influence, et dégagé de tout amour-propre de différence d'arme ou de service, ce qui est très souvent dans les colonies une cause d'entraves.

Un principe bien important que je signalerai à la sollicitude de nos législateurs, c'est de ne jamais placer un fonctionnaire public, qui tient dans ses mains les principaux rouages d'une colonie, entre ses devoirs et ses besoins, entre le bien du pays qu'il administre, et son intérêt privé. Par exemple, si l'on nomme un officier de terre ou de mer, possédant, par son grade, un revenu de 3 à 5,000 francs, et qui se trouvant appelé à occuper un *poste transitoire*, lui rapportant de 40,000 à 60,000 fr., sache qu'en quittant il sera réintégré dans son arme avec un avancement qui ne lui fera pas une augmentation dans son revenu primitif de 1 à 2000 fr.;

cet officier, contractant des habitudes de grandeur, s'inquiétera de son avenir, n'osera froisser des membres influens de l'administration sous ses ordres, et sera peut-être placé dans la position délicate de sacrifier les intérêts de la colonie à sa propre fortune. L'habile n'hésitera pas ; le faible laissera faire, et l'incapable croira avoir rempli sa mission.

Je pense donc qu'on devrait former un corps de diplomatie maritime, à l'instar de celui de la Péninsule, où tout individu, se consacrant à cette carrière, serait obligé de passer par les degrés que l'on jugerait nécessaires pour lui acquérir les connaissances précitées ; n'appartenant à aucun des corps qu'il serait appelé à administrer, ne pouvant descendre de sa position de gouverneur ; son avenir, son état, étant attachés au sort des colonies, il ne craindrait pas d'attaquer et d'empêcher tout ce qui leur serait contraire.

Le gouvernement anglais, sous un vain prétexte de philantropie, entrevoyant dans l'ave-

nir l'émancipation des colonies occidentales, et
voulant assurer une grande prospérité à ses
possessions de l'Inde, provoqua l'abolition de
la traite des noirs, convaincu que des colonies
ne pouvant se soutenir que par de grands
établissemens de culture, le noir étant l'agri-
culteur naturel de la Zône Torride, en les pri-
vant de ce seul moyen de succès, il devrait
nécessairement en résulter une ruine com-
plète, qui rendrait l'Europe tributaire de ses
colonies orientales. L'expérience a prouvé qu'il
ne s'était pas trompé, et déjà son commerce de
l'Inde a dévoré tous les autres. Le Sénégal
seul, par sa proximité de la France, par ses
produits agricoles, pourrait déjouer et paraly-
ser les effets de cette politique.

Le Sénégal est un vaste pays ouvert à l'in-
dustrie des colons; l'indigo, le coton y vien-
nent sauvages, et des milliers de nègres, dont
le caractère intrépide et courageux n'a pas été
abruti par l'esclavage des blancs, n'attendent
que la civilisation Européenne.

Quelques hommes poussés par l'ambition, ignorant entièrement les besoins d'un pays vierge, découragés par les obstacles qu'ils ont rencontrés dans une population créole intéressée par la nature de sa position et de son commerce, à l'état de stagnation de la colonie, entravés dans leurs mesures par des formalités administratives peu convenables aux localités, épuisant et fatiguant la métropole par des demi-sacrifices mal combinés et mal dirigés, ont cru mettre à couvert leur incapacité, en lançant l'anathème, et en déclarant impossible des projets de colonisation qu'ils n'ont pas su faire réussir.

Des registres de mortalité ont établi l'insalubrité du pays, et on ne s'est pas rendu compte, que nos établissemens étant des clés de fleuve, leur insalubrité ne provenait que de leur position, et non du climat ; pas une amélioration n'a été introduite, pas un progrès n'a été fait, et cependant, un superflu de population vagabonde et turbulente par misère, en hostilité

(13)

continuelle avec la société, pourrait utiliser cette
colonie, et ouvrir à la France des avantages
immenses pour l'avenir !

En réfléchissant mûrement aux ressources
qu'offre le Sénégal, tant par la sûreté et la
proximité de sa position, que par le caractère
de ses habitans, je pense qu'en transformant
cette colonie en un *botany-bay* pour les con-
damnés à temps, on ferait contribuer à la prospérité et à la gloire de la mère-patrie, une
classe d'hommes tout-à-fait à charge, et inu-
tile.

Une partie des fonds destinés aux bagnes
pourrait être reversée sur le Sénégal, et le
forçat devenu propriétaire de l'habitation qu'il
aurait fait fructifier durant sa détention, serait
obligé de payer une redevance à l'état, pen-
dant un temps déterminé pour le rembourse-
ment des frais qu'il aurait occasionnés.

Ce projet, digne des hautes destinées des

Français du dix-neuvième siècle , demanderait un développement que je réserve pour un ouvrage plus étendu. Mon but, en émettant à la hâte quelques idées sans suite et sans prétention, dans un moment où nos représentans s'occupent de législation coloniale, est de donner une nouvelle preuve de mon dévouement aux intérêts de mon pays, auquel j'ai consacré ma vie.

A. Del Cambre.

25 janvier, 1833.